주봄 글 | 문대웅 그림

 # 차례

1장 언어

- 01 길게 말하는 건 싫어 ★ 6
- 02 꼬치꼬치 캐묻는 건 딱 질색 ★ 8
- 03 말보다 빠른 행동 ★ 10
- 04 집중하면 다른 소리는 안 들려 ★ 12
- 05 욕설, 우리만의 언어? ★ 14

3장 관계

- 13 공 하나만 있으면 모두가 친구 ★ 30
- 14 오늘 또 싸웠어 ★ 32
- 15 여자아이들을 이해하기 어려워 ★ 34
- 16 좋아하는 아이랑 친해지고 싶어 ★ 36
- 17 여럿이 모일수록 더 좋아 ★ 38
- 18 나도 반려동물 키우고 싶어 ★ 40

2장 마음

- 06 승부욕, 한번 발동하면 끝이 없어 ★ 16
- 07 나만의 속도가 있어 ★ 18
- 08 나도 웃기고 싶어 ★ 20
- 09 직접 만지고 확인해 볼래 ★ 22
- 10 감정 표현이 어려워 ★ 24
- 11 서열 의식, 보이지 않는 기싸움 ★ 26
- 12 내가 너무 공격적이라고? ★ 28

놀이
4장

19 캐릭터 카드, 피규어 수집이 좋아 ★ 42
20 날마다 게임만 하고 싶어 ★ 44
21 곤충이 너무 좋아 ★ 46
22 조립 장난감, 뭐든지 만들 수 있어 ★ 48
23 숏폼, 어느새 한 시간이 훌쩍 ★ 50
24 무기 장난감, 내 힘이 세진 것 같아 ★ 52
25 만화책, 밤새도록 읽을 수 있어 ★ 54
26 스마트폰, 손에서 떨어지면 불안해 ★ 56
27 위험할수록 더 재밌어 ★ 58

자기 관리
5장

28 여러 일을 동시에 할 수는 없을까? ★ 60
29 용돈은 언제나 순식간에 사라져 ★ 62
30 간식이 밥이면 좋겠어 ★ 64
31 나만의 공간이 필요해 ★ 66
32 늦게 자고 늦게 일어날래 ★ 68
33 일단 옷은 편한 게 최고 ★ 70
34 공부, 도대체 어떻게 해야 할까? ★ 72

진로
6장

35 진로는 어떻게 정하는 걸까? ★ 74
36 어떤 직업이 있는지 잘 모르겠어 ★ 76
37 꿈을 위해 뭘 준비해야 할지 모르겠어 ★ 78

몸
7장

38 나도 키 크고 싶어 ★ 80
39 이 정도면 깨끗한 것 같은데 ★ 82
40 내 몸이 조금씩 달라지고 있어 ★ 84

길게 말하는 건 싫어

선생님이 오랫동안 설명할 때, 엄마가 길게 잔소리할 때, 한참 듣기는 들었는데 머리에 하나도 안 들어왔어. 집중이 잘 안됐거든. 눈치껏 알겠다곤 했지만, 사실은 아니야.

'듣기'도 연습이 필요해

다른 사람의 말을 주의 깊게 듣는 건 어려운 일이야. 말이 길어질수록 자꾸만 다른 생각이 끼어들고, 앞서 들은 내용을 금세 잊어버리기도 하지. 이건 집중력과 기억력의 한계 때문이야.

최근에는 '경청'이 하나의 능력으로 인정받고 있어. 경청은 단순히 말소리를 듣는 것을 넘어 그 의미를 적극적으로 해석하고 반응하는 걸 말해. 다른 사람의 말을 경청하는 것은 의사소통을 잘하고 사람들과 잘 지내기 위해 꼭 필요한 일이지. 그러니 조금 힘들더라도 상대방의 말에 좀 더 귀 기울이는 연습을 해 보자.

상대방의 말을 경청하는 법

1. 핵심 내용을 메모하며 듣기.
2. 머릿속으로 그림을 그리듯 상상하며 듣기.
3. 눈 마주치기, 고개 끄덕이기 등 적극적으로 반응하며 듣기.

02 언어
꼬치꼬치 캐묻는 건 딱 질색

 학교 갔다 왔더니 엄마가 이것저것 꼬치꼬치 물어보셔. "오늘 하루는 어땠니?", "가장 재밌었던 건 뭐니?", "그게 왜 재밌었니?" 이제 그만 좀 물어보시면 좋겠어.

질문은 관심의 표현

누군가가 너에게 꼬치꼬치 물을 때, 귀찮거나 짜증 날 수 있어. 사춘기가 되면 독립성과 사생활을 중요하게 생각해서 너무 많은 질문은 부담스럽게 다가오거든.

하지만 이거 하나만큼은 꼭 기억해 줘. 사람들이 너에게 무언가를 묻는 건 너에 대해 더 알고 싶고, 너와 더 대화하고 싶다는 거야. 질문은 관심의 표현이거든. 그러니 귀찮더라도 네 생각과 느낌을 조금만 더 자세하게 표현해 봐.

질문에 더 잘 대답하는 법

1. 대답을 짧게 끝내지 않고 한두 문장 덧붙여 보기.
2. 육하원칙(누가, 언제, 어디서, 무엇을, 어떻게, 왜)을 생각하며 말하기.
3. 만약 대답하기 힘들다면 정중하게 내 상황과 마음을 이야기하기.

말보다 빠른 행동

친구한테 화났다고 말하려고 했는데, 나도 모르게 주먹이 먼저 나갔어. 엄마한테 냄비가 뜨겁냐고 물어보려고 했는데, 나도 모르게 손으로 먼저 만져 버렸어. 난 왜 자꾸만 몸이 먼저 움직이는 걸까?

청소년의 뇌는 욕구 조절을 배우는 중이야

　청소년기는 뇌에서 욕구를 조절하는 부분이 아직 완전히 발달하지 않은 시기야. 그래서 순간적으로 떠오른 생각이나 충동이 곧장 행동으로 이어질 때가 있지.

　하지만 행동하기 전에 해도 되는지 먼저 물어야 할 때가 있어. 무작정 행동부터 했다가는 위험한 상황에 처하거나 남에게 피해를 줄 수도 있거든. 행동하고 싶어서 몸이 근질거리더라도 잠깐 멈춰! 이제부턴 때와 장소를 먼저 살핀 뒤 움직이자고.

행동하기 전 때와 장소를 살피는 법

1. 무작정 행동부터 할 경우 위험하지 않을지 생각하기.
2. 내 행동이 예의에 어긋나지는 않는지 한 번 더 생각하기.
3. 공공장소라면 공공질서에 어긋나는 행동은 아닌지 생각하기.

집중하면 다른 소리는 안 들려

억울해. 진짜로 못 들었는데. 아니, 더 솔직히 말하면 어떤 소리가 들린 것도 같은데 그게 나한테 하는 말인 줄은 몰랐다고. 혹시 내 청력에 문제라도 있는 걸까?

누구나 자기만의 귀마개를 가지고 있어

　보이지 않는 귀마개는 네가 어떤 일에 집중할 때 자동으로 작동돼. 우리 뇌는 동시에 여러 가지 일을 처리하기 어려워. 그래서 무언가에 집중하면 주변 소리를 잘 듣지 못할 수 있지. 하지만 상대방은 자기가 무시당했다고 느껴서 기분이 상할 수 있어. 그럴 때는 정중하게 사과하고 상대방의 이야기에 다시 집중해 봐. 무언가에 오롯이 집중해야 할 일이 있다면, 먼저 집중하기 좋은 환경을 만들어 보자.

조용히 집중하고 싶을 때 대처법

1. 주변 사람들에게 미리 내가 집중해야 하는 상황이라는 걸 알리기.
2. 숙제 중, 게임 중, 영상 통화 중 등 현재 상태를 적은 팻말을 활용하기.
3. 필요에 따라 도서관, 공원 벤치 등 집중하기 좋은 장소에 가기.

욕설, 우리만의 언어?

친구들이랑 있을 때 우리끼리 쓰는 언어가 있어. 처음에 들었을 땐 놀라기도 했지만, 자꾸 들으니까 세 보이는 게 멋진 것 같아. 어색하게 한두 번씩 따라 하다 보니 이젠 습관처럼 툭툭 나와.

욕설이 우리에게 미치는 영향

 욕을 할 때 느끼는 묘한 짜릿함이 있다고? 그런데 그거 알아? 욕을 하면 순간적으로는 스트레스가 풀리는 것 같아도, 실제로는 우리 뇌를 자극해서 더욱 화가 나게 만든다는 거.

 한 가지 더. 청소년의 욕설 사용과 관련된 한 연구에 따르면 친구들과 어울리기 위해 시작한 욕설이 오히려 친구 관계에 부정적인 영향을 미친다고 해. 욕설의 부정적 의미가 듣는 사람을 기분 나쁘게 하고, 결국에는 싸움을 불러일으키기 때문이지.

욕설을 바른 언어로 바꾸는 3단계

1. 평소 욕설을 어느 정도 쓰는지 점검하기.
2. 평소 쓴 적 있거나 들어 본 적 있는 욕설의 정확한 뜻 알아보기.
3. 욕설 대신 쓸 수 있는 바른 언어를 정하고 의식적으로 바꿔 사용하기.

승부욕, 한번 발동하면 끝이 없어

어제 아침, 친구랑 팔씨름을 했는데, 지는 바람에 분해서 잠을 못 잤어. 정글짐에선 항상 꼭대기에 앉고 싶고, 줄을 설 땐 무조건 맨 앞이 좋아. 나는 왜 항상 이기고 싶을까?

좋은 결과보다 과정의 즐거움

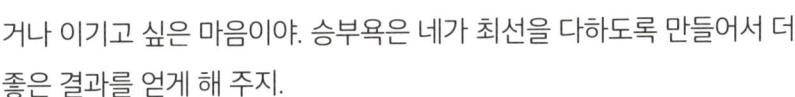

어디서나 최고가 되고 싶은 건 네 안의 '승부욕' 때문이야. 승부욕은 상대와 경쟁하여 승부를 내거나 이기고 싶은 마음이야. 승부욕은 네가 최선을 다하도록 만들어서 더 좋은 결과를 얻게 해 주지.

하지만 승부욕이 너무 과하면 승부 결과에만 집착하게 되어서, 스트레스를 받을 수 있어. 축구 시합을 한다고 하면 축구를 하는 즐거움보다는 시합에서 이기는 것만 생각하는 거지. 최고가 되는 것도 좋지만, 과정에서 즐거움을 찾는 게 더 중요하다는 걸 기억해.

건전한 승부욕을 갖추는 법

1. 승부욕을 발휘하여 주어진 일에 최선을 다하기.
2. 만족할 만한 결과를 얻었다면, 마음껏 기뻐하기.
3. 경쟁자에게 졌다면, 좋은 경쟁자를 만난 것을 기뻐하며 상대를 축하해 주기.
4. 결과에 집착하기보다 과정에서 즐거움을 찾기.

나만의 속도가 있어

어떨 때는 빨리하라 하고, 어떨 때는 천천히 하라 하고. 그냥 내 마음대로 하면 안 되는 거야?

함께할 땐 옆 사람과 발걸음 맞추기

 가끔 너만의 속도로 움직이고 싶을 때가 있지? 어떨 땐 남들보다 천천히, 어떨 땐 남들보다 더 빨리. 나도 알아. 너의 속도에는 항상 이유가 있다는 걸.

 하지만 다른 사람과 속도를 맞춰야 할 때도 있어. 단체 생활에는 정해진 시간과 규칙이 있거든. 누군가와 함께할 땐 주변 사람들과 발걸음을 맞춰 봐. 지금도 누군가는 너에게 발걸음을 맞춰 주고 있을지 몰라.

단체 생활에서 속도 맞추는 법

1. 줄 서서 이동할 때, 재밌는 걸 발견해도 같은 속도로 움직이기.
2. 모둠 활동을 할 때, 맡은 일을 대충 빨리 끝내지 말고 끝까지 최선을 다하기.
3. 운동 경기를 할 때, 이기고 싶은 마음에 혼자 빨리 시작하거나 늦게 끝내지 않기.

나도 웃기고 싶어

유난히 웃긴 친구가 있어. 나도 그 친구처럼 웃기고 싶어서 똥, 방귀 얘기를 하거나, 수업 시간에 웃긴 목소리로 발표도 해 봤어. 그런데 난 왜 그 친구만큼 웃기지 않는 걸까?

편하고 재미있는 친구

　누구나 한 번쯤은 다른 사람을 웃기고 싶다고 생각해. 그건 사람들에게 호감을 사고, 사람들과 좋은 관계를 맺고 싶은 욕구 때문이야. 또, 다른 사람들에게 인정받고 싶은 욕구 때문이기도 하지.

　혹시 웃기려고 한 말과 행동에 친구들이 웃어 주지 않더라도 실망할 필요는 없어. 개그맨처럼 웃음을 빵빵 터뜨리지 않아도 괜찮아. 일부러 웃기지 않아도 함께 있으면 편하고 재미있어서 그냥 웃음이 나오는 게 진짜 좋은 관계 아닐까?

함께 있으면 기분 좋은 친구가 되는 법

1. 친구가 말할 때 귀 기울여 듣고 공감해 주기.
2. 친구가 무엇을 좋아하는지 관심을 가지고 함께 즐겨 보기.
3. 친구가 불편해할 수 있는 장난은 하지 않기.

직접 만지고 확인해 볼래

라면 냄비는 얼마나 뜨거울까? 컵을 떨어뜨리면 진짜로 깨질까? 우리 공원 호수는 얼마나 깊을까? 사실 대충은 알고 있지만, 내가 직접 확인하고 싶어.

호기심 지혜롭게 다루기

뭐든지 직접 해 보고 싶은 마음이 드는 건 우리 몸속 호르몬 때문이야. 특히 '테스토스테론'이라는 호르몬이 호기심과 모험심을 자극하지. 새로운 것을 직접 실험하고 시도해 보는 건 좋은 학습 자세야. 책에서 읽거나 다른 사람에게 듣는 것보다 더 확실하게 배울 수 있고, 기억에도 오래 남거든.

하지만 모든 호기심이 좋은 결과로 이어지는 건 아니야. 때로는 호기심 때문에 한 행동이 큰 사고로 이어질 수도 있어. 한번 사고가 나면 돌이킬 수 없잖아. 상황에 따라 궁금증을 참아야 할 때도 있다는 걸 꼭 명심해.

내 안의 호기심 활용법

1. 무언가에 궁금증이 생겼다면 주변 어른에게 먼저 물어보기.
2. 부모님이나 선생님의 지도하에 궁금한 것을 실험해 보기.
3. 어린이를 위한 체험관을 방문하여 다양한 체험을 해 보기.

감정 표현이 어려워

내가 너무 무뚝뚝하다고? 그래서 지금 내 기분이 어떤지 파악하기 어렵다고? 실은 말이야, 나도 가끔은 내 마음을 잘 모르겠어.

감정에 이름 붙이기

 무뚝뚝한 게 아니라 그저 감정을 표현하는 방법이 서툰 것일 수도 있어. 마음으로는 똑같이 기쁘고, 슬프고, 행복한 감정을 느끼지만, 그 감정을 알아차리고 말로 표현하는 게 어려운 거지.

 하지만 어렵더라도 감정을 좀 더 구체적으로 표현하는 연습을 해 보는 게 좋아. 감정 표현 연습은 자기를 이해하는 데 도움을 줄 뿐만 아니라, 다른 사람들이 너를 잘 이해하는 데에도 도움을 줄 거야.

감정 일기 쓰는 법

1. 오늘 하루 있었던 일을 나열해 보기.
2. 각각의 사건마다 느꼈던 감정을 다시 한번 떠올려 보기.
3. 그때의 감정에 딱 맞는 단어를 찾아 쓰기.

서열 의식, 보이지 않는 기싸움

우리 반에서 누가 제일 힘이 셀까? 누가 가장 싸움을 잘할까? 나도 모르게 머릿속으로 계산해. 내가 더 강하다고 생각될 땐 어깨가 으쓱해지고, 나보다 강해 보이는 친구 앞에선 괜히 기가 죽기도 하지.

진짜 강한 사람이 되고 싶다면

키, 힘, 공부, 운동, 싸움처럼 무언가를 기준으로 줄을 세우는 것을 '서열'이라고 해. 크고, 강하고, 잘할수록 서열의 앞자리에 서게 되지. 하지만 이렇게 사람들을 줄 세워 평가하는 건 위험한 일이야. 모든 일에 서열을 따지다 보면, 별것 아닌 일에도 승부욕을 불태우고, 다른 사람과 자신을 비교하며 열등감을 느끼게 될 수 있어.

진짜 강한 사람은 마음이 강한 사람이야. 마음이 강한 사람은 다른 사람의 기준이나 시선에 휘둘리지 않아. 남과 비교하며 서열을 따지기보다 어제의 나보다 더 나은 내가 되기 위해 노력하지.

마음이 강해지는 '매일매일 마음 운동'

1. 나는 나를 사랑해! → 매일매일 나를 있는 그대로 소중히 여겨 주기.
2. 나는 나를 믿어! → 매일매일 나를 믿고 응원해 주기.
3. 나는 무엇이든 할 수 있어! → 매일매일 자신감 충전해 주기.

내가 너무 공격적이라고?

나도 모르게 마음속 화가 폭발할 때가 있어. 던지고, 부수고, 싸우고…. 뒤늦게 후회하고 반성도 하지만, 일단 화가 나면 참을 수가 없는걸.

화가 날 때는 잠시 멈춰 생각하기

　청소년기의 뇌는 감정을 통제하고 조절하는 부분인 '전두엽'이 아직 완전히 발달하지 않은 상태야. 그래서 특정 상황에서 감정이 폭발하거나 공격적으로 표현될 때가 있지.

　마음속에 화가 차오를 땐, 잠시 멈춰 생각해 봐. 지금 내가 왜 이렇게 화가 나는지, 그래서 나는 무엇을 원하는지를 말이야. 처음엔 당연히 어려울 수 있어. 하지만 조금씩 시도하다 보면 감정을 점점 똑똑하게 다스릴 수 있을 거야.

감정을 조절하는 '마음 신호등' 3단계

1. 마음속에 화가 차오를 땐, 잠깐 멈춰 심호흡하기.
2. 화를 그대로 표출한다면 어떤 일이 벌어질지 상상하기.
3. '나'를 주어로 하는 '나 전달법' 사용하기.
   - 너 전달법: 너는 왜 항상 그런 식이야?
   - 나 전달법: 난 네가 그렇게 행동할 때마다 너무 속상해.

공 하나만 있으면 모두가 친구

 공 하나만 있으면 언제나 즐거워. 친한 친구들과 노는 것도 재밌지만, 모르는 아이들이랑 노는 것도 좋아. 공놀이를 한바탕 하고 나면 금세 친구가 되니까.

친해지고 싶다면 다 함께 공놀이를

공으로 할 수 있는 놀이는 정말 많아. 축구는 기본이고 농구, 야구, 피구, 탁구 등 다양해. 공놀이는 협동심을 길러 줘서 친구 관계를 더욱 돈독하게 해 주지. 너는 어떤 종목을 제일 좋아하니?

때로는 시합에서 이기고 싶은 마음에 다툴 때도 있지만, 투덕거리며 몸을 풀다 보면 어느새 금방 풀어지곤 해. 날씨 좋은 날, 친구들과 공 하나를 들고 운동장이나 공원으로 나가 봐. 공놀이를 하며 함께 흘린 땀방울만큼 우정도 더 깊어질 거야.

우리에게 딱 맞는 공놀이는?

농구　　야구　　축구

탁구　　볼링

오늘 또 싸웠어

친구와 왜 또 싸웠을까? 분명 아까까진 재밌었는데, 갑자기 싸우고 있잖아? 한참을 치고받고 싸우다 보면 왜 싸우고 있는지도 잊어버릴 때가 있어. 오늘은 진짜로 안 싸우려고 했는데 왜 자꾸만 싸우게 될까?

가까이 지낼수록 부딪칠 일도 많아져

싸우면서 더 친해진다는 말이 있어. 갈등을 겪으며 서로를 더 깊이 알게 되기 때문이야. 그래서 갈등이 생겼을 때는 무조건 참기보다, 속상하거나 기분 나빴던 점을 솔직하게 털어놓을 필요가 있어. 하지만 어떤 싸움은 상대방의 마음에 깊은 상처를 주고 관계를 단절시키기도 해. 과격한 몸싸움이나 감정적인 말싸움은 서로의 몸과 마음을 다치게 하지.

갈등이 생겼을 땐, 무조건 참거나 그대로 폭발시키기보다는 차분하게 말로 표현하는 연습을 해 봐. 서로의 생각을 솔직하게 나누면서 갈등을 해결하다 보면 전보다 더 가까운 사이가 되어 있을 거야.

갈등을 해결하는 4단계 대화법

1. 화가 났다면 잠시 숨을 고르며 마음을 가라앉히기.
2. 상대방에게 지금 내 상황과 기분을 차분하게 전달하기.
3. 갈등 해결을 위해 어떻게 하면 좋을지 내 생각을 말하기.
4. 내 이야기만 하지 말고 상대방의 이야기도 듣기.

여자아이들을 이해하기 어려워

장난으로 그런 건데 괜히 삐지고, 별거 아닌 일에도 툭하면 화내고. 여자아이들을 이해하기 어려워.

다름을 이해하려는 태도

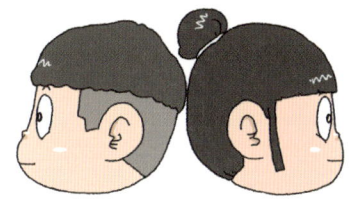

때때로 여자아이들을 이해하기 어려울 수 있어. 그렇다고 해서 '여자아이들은 나랑 안 맞아'라고 단정 짓지는 마. 남자든 여자든 사람은 누구나 생각하는 방식이나 말하는 방식이 다를 수 있어. 서로의 차이를 받아들이지 않고, 무조건 '여자아이들은 이상해', '여자아이들은 다 그래'라고만 생각하면 사이가 더 멀어질 뿐이야. 남자, 여자를 떠나서 다양한 친구들과 잘 지내려면 서로 다름을 이해하려는 태도가 필요해.

친구들과 더 잘 대화하는 법

1. 사람마다 생각하는 방식이나 말하는 방식이 다르다는 것을 이해하기.
2. 상대방의 기분이 나쁠 수 있는 말이나 행동은 하지 않기.

좋아하는 아이랑 친해지고 싶어

16 관계

 왜 친해지려 할수록 더 사이가 안 좋아지는 걸까? 나는 그냥 좋아서 그런 건데. 재밌으라고 그런 건데. 내가 뭘 잘못했길래 화내고, 삐지는 거야?

상대방이 좋아하는 것에 관심 가지기

어쩌면 그 친구는 친해지고 싶은 네 마음을 잘 모르고 있을지도 몰라. 여자아이들은 남자아이들의 장난을 친해지려는 시도로 생각하기보단 짓궂은 장난으로 받아들일 수 있거든.

좋아하는 친구와 친해지고 싶다면 장난이나 농담은 절대 금물이야. 그 대신 친구가 좋아하는 행동이나 이야기에 관심을 기울여 봐. 어쩌면 그 친구가 먼저 너에게 다가올지도 몰라.

좋아하는 아이랑 친해지는 법

1. 상대방이 싫어하는 장난은 하지 않기.
2. 상대방의 관심사와 취미에 관심 가져 보기.
3. 상대방에게 도움이 필요할 때 친절하게 도와주기.
4. 너무 잘 보이려고 애쓰기보다 꾸밈없이 진심으로 대하기.

여럿이 모일수록 더 좋아

 둘보단 셋이 더 재밌고, 넷이면 더 더 재밌어. 여럿이 다 함께 우당탕퉁탕. 피곤하지 않냐고? 전혀. 너무 재밌기만 한걸!

다 같이, 더 재밌게

여럿이 모이면 할 수 있는 놀이가 더 많아져. 좀비 게임, 도둑잡기, 달팽이 놀이 등은 혼자서 절대 할 수 없는 놀이지. 축구, 농구, 피구 같은 경기를 할 때는 팀을 짜야 하니까 친구들이 더 많이 필요해. 그럴 땐 같은 학년, 같은 반이 아니어도 슬쩍 껴서 함께 어울리기도 해.

친구들과 함께라면 뭐든지 할 수 있을 것 같지 않니? 마치 힘이 세진 것처럼 자신감이 생기고, 목소리와 행동도 더 커지지. 친구들과 함께 혼자서는 하기 어려웠던 활동에 도전해 봐!

친구들과 재밌게 시간 보내는 법

1. 친구들을 모아 축구, 농구, 야구 같은 팀 스포츠 즐기기.
2. 피자, 치킨, 아이스크림 등 맛있는 것 함께 먹기.
3. 혼자 가면 심심한 과학관, 박물관, 도서관에 함께 방문해 보기.

나도 반려동물 키우고 싶어

공원을 걸어가다 강아지를 만나면 발걸음을 멈추게 돼. 엄청 귀엽잖아. 우리 집에도 저렇게 귀여운 강아지가 있다면 얼마나 좋을까?

반려동물 입양은 가족을 만드는 것

　반려동물을 키우는 사람이 점점 많아지고 있어. 어떤 친구들은 카멜레온이나 고슴도치, 크릴새우처럼 희귀한 동물을 키우기도 하지. 반려동물과 함께 생활하면 몸과 마음이 더 건강해진다고 해. 물론 그렇지 않더라도 동물들은 그냥 너무 귀엽고, 신기하고, 사랑스럽지.

　하지만 반려동물을 키우는 데는 큰 책임이 필요해. 소중한 생명이니까 가족 모두가 세심하게 신경 쓰고 잘 돌봐 줘야 하거든. 단순히 귀엽다는 이유만으로 키우기 시작하면 나중에 감당하기 어려울 수도 있어. 그러니 반려동물을 키우고 싶다면 가족과 충분히 의논하고, 끝까지 책임질 수 있을지 신중하게 생각해 보자.

반려동물을 키우고 싶을 때 가족과 의논하는 법

1. 반려동물을 키우고 싶은 이유를 스스로 정리해 보기.
2. 키우고 싶은 반려동물을 어떻게 보살펴야 하는지 조사하기.
3. 반려동물을 키울 때 내가 할 수 있는 일을 가족에게 설명하기.
4. 가족의 생활 패턴, 알레르기 등을 고려해 반려동물을 키울 수 있을지 의논하기.

캐릭터 카드, 피규어 수집이 좋아

문구점에서 내가 좋아하는 캐릭터 카드나 피규어, 띠부띠부씰(떼고 붙이는 스티커)을 발견하면 그냥 지나칠 수 없어. 사도 사도 새로운 게 또 나오니 안 살 수가 없잖아?

우리는 호모 콜렉투스

인간에겐 무언가를 수집하고 싶어 하는 본능적인 욕구가 있어. 그래서 인간을 '호모 콜렉투스', 즉 '수집하는 인간'이라고 부르기도 해.

수집은 아주 오래전부터 시작됐어. 12만 년 전 유적지에서도 광물 조각, 타조 알 껍질 등을 수집한 흔적이 발견되었지. 17세기 유럽에서는 귀족들이 희귀 조류의 해골이나 거대 물고기의 턱, 화려한 새 박제품 등을 수집해서 모아 두었는데, 그것이 훗날 박물관의 기초가 되었다고 해.

하지만 지나친 수집 욕심으로 과소비를 하거나, 친구에게 무리한 교환을 요구하는 건 금물! 수집도 놀이로서 선을 지켜야 즐거운 법이야.

수집을 나만의 취미로 만드는 법

1. 수집할 물건을 정하기.
2. 수집하는 물건의 종류에 따라 파일, 상자 등 보관 방법 정하기.
3. 쉽게 깨지는지, 햇빛을 받으면 색이 바래는지 등 주의 사항 조사하기.
4. 그동안 모은 수집품을 적당한 장소에 전시하고 사람들에게 소개하기.

날마다 게임만 하고 싶어

오늘은 진짜 잠깐만 하려고 했는데, 또 한 시간이 훅 갔잖아? 새로운 퀘스트를 해결하고 레벨을 높이려면 아직 시간이 더 필요한데…. 그냥 계속 게임만 하면 안 되는 걸까?

게임은 정한 시간 만큼만

슈팅 게임, 액션 게임, 전략 게임, 스포츠 게임 등 게임의 종류는 엄청나게 다양해. 이렇게 재밌는 게임이 넘쳐나니 게임은 해도 해도 또 하고 싶어. 혼자 할 때도 재밌지만 친구랑 함께하면 더 재밌고, 게임 방송을 보는 것도 즐겁지.

하지만 한 가지 꼭 기억해야 할 게 있어. 적당한 게임은 스트레스 해소에 도움을 주지만 지나치면 오히려 독이 된다는 것! 사회적으로 '게임 과몰입' 현상이 심각해지면서 세계 보건 기구(WHO)는 게임 중독을 질병으로 분류하고 치료해야 한다고 주장하고 있어. 게임을 하지 않으면 불안하거나 초조하고, 게임 때문에 가족, 친구들과 멀어지는 것 같지는 않니? 만약 그렇다면 게임 중독을 의심해 봐. 어떤 질병이든 예방이 중요하니까 미리 예방 작전을 세워 보자.

게임 중독을 예방하는 법

1. 부모님과 의논해 하루 게임 시간을 정하고, 정한 시간만큼만 하기.
2. 앱이나 프로그램을 활용해 하루 게임 시간을 제한하기.
3. 컴퓨터는 거실에 두고 사용하고, 휴대폰은 자기 전 부모님께 맡기기.
4. 학교나 지역 사회에서 실시하는 게임 중독 예방 교육에 참여하기.

곤충이 너무 좋아

내 방 서랍 속엔 곤충 피규어가 한가득! 곤충 도감, 곤충 다큐멘터리 등 곤충이랑 관련된 거라면 다 좋아.

좋아하는 마음이 나를 전문가로

어떤 분야에 대한 호기심과 관심은 시간이 지나면서 전문적인 소양으로 발전할 수도 있어. 세계적인 곤충 학자 장 앙리 파브르는 어릴 적부터 곤충에 관심이 많았어. 파브르가 어린 시절 살았던 외갓집이 숲속 한가운데 있어서 학교가 끝나면 하루 종일 애벌레, 쇠똥구리, 벌 같은 곤충들을 관찰할 수 있었지. 파브르의 부모님은 곤충에만 관심 있는 파브르를 혼내기도 했어. 하지만 곤충을 향한 호기심과 관심은 어른이 되어서도 계속 이어졌고, 결국 파브르는 훌륭한 곤충 학자가 되었지.

너도 좋아하는 게 있다면 호기심과 관심을 가지고 열심히 연구해 봐. 그러다 보면 언젠간 그 분야의 전문가가 되어 있을지 몰라.

좋아하는 분야를 더 깊이 탐구하는 법

1. 도서관이나 인터넷에서 관심 분야에 관한 자료를 찾아보기.
2. 관심 분야의 전문가나 전문 기관을 찾아가 보기.
3. 관심 분야와 관련된 체험이나 활동을 꾸준히 하기.
4. 관심 분야를 탐구하며 새롭게 알게 된 내용은 늘 기록하고, 정리해 두기.

조립 장난감, 뭐든지 만들 수 있어

설계도를 따라 조립 장난감을 만들다 보면 어느새 몇 시간이 훌쩍. 아무리 힘들어도 완성된 걸 보면 뿌듯하고 보람 있어. 오늘은 또 무엇을 만들어 볼까?

재미도 잡고, 두뇌도 잡고

　이미 완성되어 있는 장난감도 좋지만, 직접 조립한 장난감은 더 좋지 않니? 만드는 과정도 재미있고, 완성되면 가지고 놀 수 있잖아. 때로는 만지는 것도 아까워서 장식장에 전시해 놓기도 하지.
　레고, 입체 퍼즐, 프라모델 등 조립 장난감의 종류는 정말 다양해. 조립 장난감으로 무언가를 상상하고 만드는 활동은 창의력과 문제 해결 능력 등 두뇌 계발에도 좋다고 해. 많이 노는 만큼 머리도 좋아진다니, 정말 최고의 장난감이잖아!

조립 장난감을 똑똑하게 가지고 노는 법

1. 설계도를 따라서 똑같이 만들어 보기.
2. 완성된 작품을 수정하고 보완하여 나만의 작품으로 발전시키기.
3. 내가 직접 상상해서 새로운 작품 창작하기.

숏폼, 어느새 한 시간이 훌쩍

하나만 봐야지.

에잇, 하나만 더.

이것까지만…!

멈출 수가 없어…!

하나만 더, 하나만 더. 괜찮아. 길어 봤자 1분인걸. 그런데 세상에, 지금이 몇 시야?

짧다고 얕보면 안 돼

요즘 인터넷에서는 15초에서 1분 내외의 짧은 영상, 숏폼이 인기야. 숏폼은 길이가 짧은 만큼 널리 퍼지기 쉽고, 누구나 간단하게 만들어 올릴 수 있어. 하지만 숏폼을 만만하게 봐서는 안 돼. 숏폼은 엄청난 중독성이 있거든.

숏폼은 짧은 시간에 사람들을 사로잡기 위해 더 강렬하고 자극적으로 만들어져. 또 영상이 끝나면 알고리즘이 사용자가 좋아할 만한 다음 영상을 자동으로 추천해 줘서 스스로 멈추기가 힘들어.

우리 뇌가 자극적인 영상에 계속해서 노출되면 '팝콘 브레인' 현상이 일어날 수 있어. 팝콘 브레인은 일상의 소소한 기쁨에서 더 이상 행복을 느끼지 못하고, 팝콘처럼 튀어 오르는 듯한 강렬한 자극에만 반응하게 되는 현상이야. 조금 슬프지 않니?

숏폼 중독을 예방하는 법

1. 스마트폰 메인 화면에서 숏폼 앱을 숨기기.
2. 스마트폰 기능을 활용해 숏폼 앱의 사용 시간을 제한하기.
3. 숙제나 공부를 할 때는 스마트폰을 눈에 안 보이는 곳에 두기.
4. 그래도 제어가 잘 안되면 숏폼 관련 앱을 모두 지우기.

무기 장난감, 내 힘이 세진 것 같아

칼, 총, 화살 등 무기 장난감을 보면 너무 탐나. 말랑말랑한 풍선 칼이나 스펀지 화살이라도 상상 속에선 날 영웅으로 만들어 주니까.

진짜는 아니지만 언제나 안전하게

무기 장난감은 소년들의 모험심과 영웅심을 만족시켜 줘. 상상 속에서 너는 용맹한 장군이 될 수도 있고, 무시무시한 해적 왕이 될 수도 있어.

　무기 장난감을 가지고 놀 때는 다른 때보다 더 조심해야 해. 상상에 푹 빠져서 놀이가 과격해지면 아무리 장난감이라도 다칠 수 있으니까. 또 어떤 친구들은 무기 장난감을 위협으로 느낄 수도 있으니 주의해야 해.

무기 장난감을 안전하게 가지고 노는 법

1. 무기 장난감이 다른 사람 몸에 직접 닿지 않도록 주의하며 놀기.
2. 상대가 무기 장난감에 위협을 느낀다면 사용을 멈추기.
3. 비비탄총, 화약총 등 너무 위험한 장난감은 가지고 놀지 않기.

만화책, 밤새도록 읽을 수 있어

깔깔 웃으며 볼 수 있는 코믹 만화

내가 좋아하는 만화책 종류는?

으스스 공포 만화

재미 쏙쏙, 지식 쏙쏙 학습 만화

흥미진진 박진감 넘치는 모험 만화

추리에 추리를 거듭하는 탐정 만화

몽글몽글 감성 가득 순정 만화

엄마는 쓸데없이 만화책 좀 그만 보라고 하시지만, 만화책이 왜 쓸데없어? 분명 엄마도 만화책을 읽어 보면 생각이 달라지실걸?

만화책 읽기도 훌륭한 독서

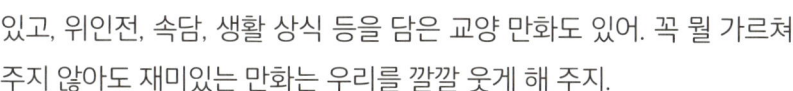

　만화책으로도 배울 수 있는 게 정말 많아. 교과서 속 어려운 내용을 쉽게 풀어 놓은 학습 만화도 있고, 위인전, 속담, 생활 상식 등을 담은 교양 만화도 있어. 꼭 뭘 가르쳐 주지 않아도 재미있는 만화는 우리를 깔깔 웃게 해 주지.

　하지만 만화책만 보는 건 좋지 않아. 음식으로 따지면 편식 같은 거라고 할 수 있지. 가끔은 책장 속 다른 책에도 눈을 돌려 봐. 줄글 책 속에는 만화책과는 또 다른 매력이 숨겨져 있거든.

만화책 vs 줄글 책

만화책	줄글 책
가볍고 빠르게 재미를 느낄 수 있다.	깊이 있는 재미를 느낄 수 있다.
그림이 많고 글자가 적어 읽기에 부담 없다.	내 마음대로 장면을 상상하며 읽을 수 있다.
어려운 개념도 만화로 쉽게 익힐 수 있다.	긴 글 읽기로 어휘력과 문해력을 기를 수 있다.

스마트폰, 손에서 떨어지면 불안해

스마트폰만 있으면 시간이 후딱 지나가. 친구들과 영상 통화도 하고, 게임을 하거나 유튜브도 보고. 스마트폰 하나만 있으면 무인도에서 혼자 일주일을 보내야 한대도 날마다 즐거울걸?

스마트폰 사용은 스마트하게

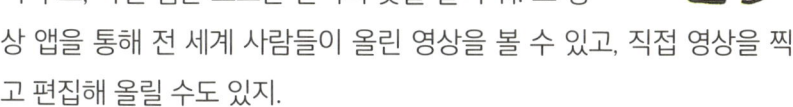

스마트폰은 정말 유용해. 지도 앱은 길 찾는 법을 알려 주고, 사전 앱은 모르는 단어의 뜻을 알려 줘. 또 영상 앱을 통해 전 세계 사람들이 올린 영상을 볼 수 있고, 직접 영상을 찍고 편집해 올릴 수도 있지.

하지만 소셜 미디어나 게임 앱은 중독성이 강하기 때문에 너무 오랜 시간 사용하지 않도록 주의해야 해. 스마트폰 중독 문제가 심각해지면서 '스마트폰'과 '좀비'를 합한 '스몸비'란 신조어도 생겼어. 스마트폰에 열중하며 걷는 사람들을 좀비에 빗댄 말이야.

스몸비가 되지 않고 스마트폰을 똑똑하게 사용하기 위해서는 무엇보다 부모님과 의논해서 스마트폰 사용 규칙을 정할 필요가 있어. 아직 너만의 스마트폰 사용 규칙이 없다면 지금 바로 만들어 보는 건 어때?

스마트폰 사용 규칙 만드는 법

1. 하루 스마트폰 사용 시간을 부모님과 상의하여 정하기.
2. 부모님의 스마트폰과 연계하여 앱별로 사용 시간 제한 걸어 두기.
3. 영상 앱이나 게임 앱에는 그날 할 일을 모두 마치고 접속하기.

위험할수록 더 재밌어

놀이 27

 나무 밑에서 노는 것보단 나무 위에 올라가는 게 더 재밌어. 한 계단씩 내려가는 것보단 몇 계단씩 뛰어내리는 게 훨씬 신나지. 난간은 잡고 걷기보다 위에 앉아 미끄럼 타야 제맛!

나를 성장시키는 모험심

위험하고, 무서운 것을 즐기는 건 네 안의 '모험심' 때문이야. 건전한 모험심은 몸과 마음의 한계를 넓혀 주고, 너를 더 성장하게 해. 실패해도 괜찮아. 도전한 것 자체가 의미 있고, 실패를 통해서도 배울 수 있으니까. 만약 인간이 모험을 하지 않았다면 이 세상은 지금처럼 발전하지 못했을 거야.

너의 모험심을 위험한 장난을 하는 데 발휘하지 말고 너와 세상을 더 발전시키는 데 이용해 봐. 신대륙을 발견했던 콜럼버스나 인류 최초로 달에 착륙했던 닐 암스트롱처럼 새로운 세계를 알게 될지도 몰라. 상상만 해도 정말 멋지지 않니?

내 안의 모험심을 펼치는 법

1. 클라이밍, 파쿠르, 스케이트 보드 등 익스트림 스포츠 배워 보기.
2. 지도 들고 동네 탐방, 버스 타고 종점 여행 등 우리 지역 탐험하기.
3. 어린이 과학 실험, 유물 발굴 체험 등 다양한 체험 활동에 도전하기.

여러 일을 동시에 할 수는 없을까?

구구단을 외우면서 그림 숙제를 했어. 그러면서 방 청소도 했지. 하지만 어느 순간 구구단이 엉터리가 되고, 그림도 엉망이 되어 있었어. 나는 왜 한 번에 여러 가지 일을 하지 못하는 걸까?

한꺼번에 하기보단 순서를 정해서

여러 가지 일을 동시에 하는 건 정말 어려운 일이야. 인간의 주의력에는 한계가 있거든. 여러 가지 일을 동시에 하면 몸과 마음은 몇 배로 바쁜데, 시간은 오히려 더 오래 걸릴 때도 있어. 일의 결과도 그 어느 것 하나 만족스럽지 못하기도 해. 뒤죽박죽 일을 하다 보면 실수가 생기기 마련이니까.

여러 가지 일이 한꺼번에 몰려들 땐 당황하지 말고, 먼저 해야 할 일의 순서를 정해 봐. 우선순위대로 차근차근 일을 해 나가다 보면 집중도 잘되고 효율도 좋아질 거야.

일의 순서를 정하는 법

1. 해야 하는 일을 모두 적기.
2. 오늘 꼭 해야 하는 긴급한 일을 첫 번째로 하기.
3. 남은 일 중 오래 걸리는 일이나 하기 싫은 일을 하기.

용돈은 언제나 순식간에 사라져

사고 싶은 걸 사다 보면 용돈은 순식간에 사라져. 다른 친구들은 이것저것 다 사는 것 같은데 나만 다 못 사는 것 같아. 왜 내 용돈은 항상 부족한 걸까?

용돈 사용에도 우선순위가 필요해

 직접 돈을 버는 어른이나 돈이 많은 부자도 사고 싶은 걸 전부 다 사지는 않아. 돈이 아무리 많아도 그 끝은 있기 때문이야. 용돈을 많이 받아도 아무 생각 없이 한꺼번에 다 써 버리면 정말로 필요할 때 쓸 수 없게 돼. 그럼 소중한 용돈을 잘 쓰려면 어떻게 해야 할까?

 일단, 용돈을 받으면 어떻게 쓸지 우선순위를 정하는 게 좋아. 꼭 필요한 것부터 사고, 그다음에 사고 싶은 걸 생각하는 거지. 또 용돈은 다 써야 하는 게 아니라 저축할 수 있다는 것도 알아 둬.

소중한 용돈을 잘 쓰기 위한 용돈 관리법

1. 용돈을 받으면 이번에 꼭 사야 하는 것의 비용을 따로 떼어 놓기.
2. 그다음으로 사고 싶은 것들의 우선순위를 정하기.
3. 만약 사고 싶은 물건이 용돈보다 비싸다면 용돈을 차곡차곡 모아 보기.
4. 용돈 기입장에 수입과 지출을 빠짐없이 기록하며 나의 소비 습관 점검하기.

간식이 밥이면 좋겠어

학교 앞 분식점은 그야말로 천국이야. 떡볶이, 어묵 꼬치, 핫도그 등 맛있는 음식이 가득하니까. 계절마다 달라지는 메뉴도 있어. 여름엔 슬러시, 겨울엔 붕어빵. 이것 때문에 여름과 겨울이 기다려진다니까.

간식, 맛있고 건강하게

간식은 식사만으로 부족한 영양소를 채워 줘. 식사와 식사 사이에 간식을 잘 챙겨 먹으면 출 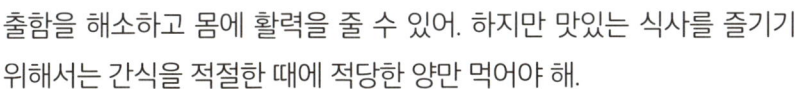 출함을 해소하고 몸에 활력을 줄 수 있어. 하지만 맛있는 식사를 즐기기 위해서는 간식을 적절한 때에 적당한 양만 먹어야 해.

간식을 고를 때는 영양 성분도 따져 봐야 하지. 과자, 라면, 소시지 같은 짠 음식은 나트륨이 많이 들어 있어서 뼈를 약하게 하고 키 성장을 방해해. 아이스크림, 사탕, 탄산음료 같은 단 음식은 충치의 원인이지. 그리고 감자튀김, 햄버거, 팝콘 같은 음식에는 트랜스 지방이 많아서 자주 먹으면 체중이 증가하고, 비만이 될 수 있어. 그러니 간식을 먹을 때는 그 음식이 내 몸에 어떤 영향을 줄지 따져 봐야 해.

몸에 좋은 간식 고르는 법

1. 과일과 채소는 비타민, 미네랄, 섬유질이 풍부해서 면역력을 높여 줘.
2. 우유, 치즈, 달걀 등 단백질과 칼슘이 풍부한 음식은 키 성장에 도움을 줘.
3. 호두, 아몬드, 땅콩 등 견과류는 두뇌 발달에 좋아.

31 자기 관리

나만의 공간이 필요해

 시험을 잘 못 봐서 우울할 때, 엄마한테 혼나서 속상할 때, 친구랑 싸워서 기분 나쁠 때. 그럴 땐 혼자 있고 싶어. 나만의 공간이 필요하다고.

너만의 아지트를 만들어 봐

혼자만의 시간이 필요할 땐 너만의 아지트를 찾아가 봐. 네 방이 아니어도 괜찮아. 너만의 아지트는 어디든 될 수 있어. 도서관 구석 자리나 정글짐 꼭대기, 느티나무 그늘처럼 너에게 가장 편안한 공간이면 어디든 좋아. 그곳에서 조용히 생각을 정리할 수도 있고, 네가 좋아하는 활동에 집중할 수도 있어. 마음이 힘든 날엔 잠시 그곳에 머무르는 것만으로도 위로가 될 거야.

혼자만의 시간을 즐기는 법

1. 레고 조립, 만화책 읽기, 그림 그리기 등 좋아하는 활동에 집중하기.
2. 몸과 마음이 힘든 날엔 눈을 감고 조용히 휴식하기.
3. 머릿속이 복잡할 땐 일기를 쓰며 나를 돌아보기.

늦게 자고 늦게 일어날래

아침에 일찍 일어나기는 너무너무 힘들어. 그런데 이상하게 저녁만 되면 두 눈이 말똥말똥. 아무리 누워 있어도 잠이 안 올 때가 있다니까.

날마다 같은 시간 잠자리에 눕기

여러 연구에 따르면, 잠을 충분히 자지 못할 때 여러 가지 문제가 생긴다고 해. 집중력과 기억력이 떨어지고, 충동적이고 신경질적이 되며, 면역력이 떨어질 수 있다고 해.

청소년의 수면 시간은 하루에 8~9시간이 적당해. 또 날마다 같은 시간 잠자리에 눕는 게 중요하지. 잠이 오지 않더라도 정한 취침 시간에 잠자리에 들도록 노력해 보자.

밤에 잠이 잘 오게 하는 법

1. 잠자기 전에 따뜻한 물로 샤워하기.
2. 저녁 시간에 탄산음료, 코코아 등 카페인이 들어 있는 음료 마시지 않기.
3. 낮에 활동적으로 움직이기.
4. 잠자리에 들기 전, 스마트폰과 태블릿 PC 등은 거실에 두기.

일단 옷은 편한 게 최고

 단추 많은 셔츠, 목이 조이는 터틀넥, 통이 좁은 청바지…. 불편한 옷은 입기 싫어. 여기저기 뛰어다니고 아무 데나 털썩털썩 앉아야 하니까.

편하면서 단정한 옷차림

그렇다고 편한 옷이면 아무거나 다 좋다는 말은 아니지? 너만의 취향과 스타일이 있으니까. 트레이닝복만 하더라도 종류가 수백 가지. 칼라나 소매, 모자 디자인에도 엄청난 차이가 있잖아.

또, 편한 것만큼 중요한 게 어떤 옷이든 청결하고 단정하게 입는 거지. 깔끔하지 않은 옷차림은 다른 사람에게 좋은 인상을 줄 수 없으니까. 게다가 옷이 지저분하며 위생적으로 문제가 생길 수 있어. 청결함과 단정함은 옷차림의 기본이야. 기본을 지키면서 자기만의 패션 감각을 마음껏 드러내 봐.

나에게 알맞은 옷차림 고르는 법

1. 입었을 때 너무 크거나 작지 않은 옷을 고르기.
2. 직접 만져 보고 입어 보며 소재와 디자인이 편한 옷을 고르기.
3. 더울 때는 땀이 잘 흡수되고 공기가 잘 통하는 소재를, 추울 때는 도톰하고 따뜻한 소재를 고르기.
4. 나에게 잘 어울리는 색과 내 개성을 살릴 수 있는 디자인을 고르기.

공부, 도대체 어떻게 해야 할까?

책상 앞에 앉기만 하면 온몸이 근질근질, 엉덩이가 들썩들썩. 국어책을 펴고 있는데 머릿속엔 어제 했던 게임 생각이 가득하고, 수학 문제를 풀고 있었는데 나도 모르게 자동차를 그리고 있지 뭐야.

사람마다 자기에게 잘 맞는 공부법이 있어

　책상 앞에 앉아 공부에 집중하는 일은 누구에게나 힘들어. 중고등학생 형, 누나들, 심지어 어른들에게도 말이야. 가만히 앉아서 공부하는 게 힘들 땐 다른 방법을 시도해 봐. 예를 들면 교과서 내용을 선생님처럼 말로 설명해 보는 거야. 사람들에겐 저마다 잘 맞는 공부 방법이 있거든. 하지만 모든 공부를 다 그렇게 할 수는 없는 법. 책상 앞에 앉아 10분, 20분 짤막하게라도 집중하는 연습을 하다 보면 엉덩이 힘이 점점 좋아질 거야.

나에게 가장 잘 맞는 공부법은?

1. 교과서를 읽고 또 읽기.
2. 공부한 내용을 선생님처럼 말로 설명하기.
3. 교과서에 나온 내용을 직접 실험하고 체험하기.
4. 공부한 내용을 노트에 요약하고 정리하기.

35 진로 — 진로는 어떻게 정하는 걸까?

사람들이 종종 물어봐. '넌 꿈이 뭐니?', '커서 뭐가 되고 싶니?' 그 질문에 대답하는 건 정말 힘들어. 하고 싶은 게 너무 많기도 하고, 또 어찌 생각하면 하나도 없기도 하니까. 도대체 진로는 어떻게 정해야 할까?

첫째는 나를 바로 알기

진로가 고민된다면 일단 가장 먼저 자신에 대해 알아봐야 해. 자기 성향을 파악하고 이해하는 일, 그것이 진로 탐색의 첫걸음이거든. 어쩌면 이미 잘 알고 있다고 생각할지도 몰라. 그런데 스스로 제일 모를 수도 있어.

일단 빈 종이나 공책을 들고 책상 앞에 앉아 봐. 그리고 연필로 자기에 대해 하나씩 적어 보는 거야. 사소해 보이는 것까지 생각나는 대로 다 적어 봐. 모든 걸 적고 나면 스스로 어떤 사람인지 좀 더 잘 알게 될 거야.

나에 대해 적는 법

1. 심심할 때 하는 일, 자주 가는 곳 등 내 취미와 관련된 것 적기.
2. 평소에 칭찬받는 것, 자신 있는 것 등 내 특기와 관련된 것 적기.
3. 내 성격, 고민, 인간관계 등 나에 대해 생각나는 대로 적기.

어떤 직업이 있는지 잘 모르겠어

내가 좋아하는 걸 어느 정도 파악했지만, 장래 희망을 정하는 일은 여전히 어려워. 사실 세상에 어떤 직업이 있는지도 잘 모르는걸.

이 세상엔 다양한 직업이 있어

어떤 직업이 있는지 잘 모르겠다면 알아보면 돼. 도서관, 인터넷, 직업 체험관 등을 이용하면 많은 정보를 얻을 수 있어.

찾아보면 알겠지만, 이 세상엔 매우 다양한 직업이 있어. 산업이 발전하면서 새로운 직업도 끊임없이 생겨나고 있지. 진로를 정할 때 꼭 명확한 직업을 정하지 않아도 괜찮아. 어떤 분야에서 어떤 일을 하고 싶은지 넓게 생각해도 좋아.

나에게 맞는 직업을 탐색하는 법

1. 직업이 소개된 책을 읽으며 내 성향에 맞는 직업은 무엇일지 생각해 보기.
2. 커리어넷, 교육부 어린이 홈페이지의 '나는 나는 자라서' 등 진로 탐색 사이트에서 진로 적성 검사 받아 보기.
3. 학교 상담실, 지역 진로 상담 센터 등을 방문해 상담을 받아 보기.

37 진로 꿈을 위해 뭘 준비해야 할지 모르겠어

이제 나에게도 꿈이 생겼어. 하지만 그 꿈을 이루기 위해 뭘 어떻게 준비해야 할지 잘 모르겠어. 이러다 내 꿈을 이루지 못하면 어쩌나 걱정돼.

천천히 한 단계씩 계획해 봐

꿈이 생겼다면 지금부턴 본격적으로 계획하고 준비하는 과정이 필요해. 하지만 너무 조급해하지는 마. 아직은 큰 줄기를 잡고 다양한 경험을 하는 것이 중요하니까.

또 꿈은 상황에 따라 변할 수도 있어. 그러니 진로를 너무 좁게 잡기보다는 여러 가능성을 열어 두고 많은 것을 경험해 보는 게 좋아. 꿈과 관련된 경험과 지식을 차곡차곡 쌓아 가다 보면 진로가 점점 선명해질 거야.

진로 관련 경험과 지식 쌓는 법

1. 여러 직업을 체험해 볼 수 있는 직업 체험관을 이용하기.
2. 책, 인터넷, 방송 등 여러 매체를 통해 진로와 관련된 배경지식 쌓기.
3. 박물관 견학, 자격증 취득, 전문가와의 면담 등 진로와 관련된 다양한 경험 쌓기.

나도 키 크고 싶어

어른들은 맨날 잔소리해. '많이 먹어야 키 큰다', '잠을 잘 자야 키 큰다'… 하지만 키 크는 건 노력해도 내 마음대로 안 되는걸.

현재 키에 스트레스 받을 필요 없어

사람마다 집중적으로 키가 크는 시기가 달라. 지금 키가 작은 친구가 나중에 키가 커질 수도 있지. 그러니 당장의 키에 크게 스트레스 받을 필요 없어.

하지만 '키는 내 마음대로 되지 않아'라고 생각하고 아무런 노력도 하지 않으면 키가 정말 크지 않을 수도 있어. 성장기에는 잘 크기 위해 충분히 자고, 골고루 먹고, 규칙적으로 운동하는 노력이 필요해.

키는 신체적 특징 중 하나야. 큰 키든, 작은 키든 개성을 중시하는 이 시대에는 모두 다 매력으로 살릴 수 있어. 그러니 키 때문에 스트레스를 받았다면 훨훨 날려 버려. 너는 지금도 충분히 멋지니까.

키 크고 싶은 사람들을 위한 생활 수칙

1. 스트레칭, 줄넘기, 농구 등 키 성장을 돕는 운동을 규칙적으로 하기.
2. 우유, 멸치, 두부, 계란 등 칼슘과 단백질이 풍부한 음식 잘 챙겨 먹기.
3. 하루에 8~9시간 충분히 자기.

이 정도면 깨끗한 것 같은데

씻는 건 정말 귀찮아. 얼굴은 물로만 쓱 닦고, 머리는 샤워기로 휙 헹구지. 이 정도면 됐지 더 꼼꼼하게 씻어야 해?

깨끗한 몸이 멋진 몸

아무리 멋지게 꾸몄다 해도 불쾌한 냄새가 나거나, 지저분해 보인다면 좋은 인상을 주기 어려워. 몸을 깨끗하게 씻지 않고, 위생을 신경 쓰지 않는다면 건강에 문제가 생길 수도 있지.

사춘기가 되면 호르몬의 변화로 몸에서 특유의 땀 냄새가 날 수 있어. 이건 자연스러운 현상이라 부끄러운 건 아니야. 하지만 잘 관리할 필요는 있어. 더욱 신경 써서 씻고, 옷을 제때 세탁하며 청결하게 관리해야 해. 스타일이 멋진 것도 중요하지만, 깨끗하고 깔끔해 보이는 게 우선이라는 걸 기억해.

몸을 깨끗하게 유지하는 법

1. 사춘기가 되면 땀 분비가 증가하므로 날마다 자기 전에 샤워하기.
2. 청소년기엔 피부에 유분이 많아지므로 아침, 저녁마다 순한 세안제로 세수하기.
3. 영구치는 유치와 달리 다시 나지 않으므로 하루 세 번 꼼꼼히 양치하기.

내 몸이 조금씩 달라지고 있어

어느 날 샤워하고 거울을 보니 문득 내 모습이 어색하게 느껴져. 어깨는 벌어지고, 코밑은 거뭇거뭇. 그러고 보니 언제부턴가 목소리도 예전보다 굵어지고, 다리털도 진해졌어. 나에게도 사춘기가 찾아온 걸까?

몸과 마음의 변화, 사춘기의 시작

사춘기는 자라면서 누구나 겪는 성장 과정이야. 사람마다 차이는 있지만 어른이 되기 위해 한 번씩 거치게 되지. 사춘기가 되면 성호르몬이 급격히 증가하면서 신체적으로도 정신적으로도 많은 변화를 겪게 돼. 이때 소년들에게는 남성의 신체적 특징이 나타나는데, 이를 '2차 성징' 이라고 불러.

그러니 어느 날 갑자기 네 몸이 어색하게 변하는 것 같아도 크게 걱정할 필요는 없어. 너는 오늘도 열심히 자라는 중이니까.

몸과 마음이 자라고 있다는 증거

1. 코밑, 턱에 수염이 생기고, 겨드랑이, 생식기 부위에도 털이 자란다.
2. 어깨와 가슴이 넓어지고 몸집이 커진다.
3. 목소리가 낮고 굵게 변한다.
4. 감수성이 예민해지고, 감정 기복이 커진다.
5. 외모와 이성에 관심이 늘어난다.
6. 독립적으로 지내길 원하고, 친구 관계가 더욱 중요해진다.
7. 내가 어떤 사람인지, 무엇이 되고 싶은지 등에 관한 고민이 많아진다.

 **작가의 말**

초등학교 시절, 저는 같은 반 남자아이들을 보며 가끔 이런 생각을 하곤 했어요. '쟤네들은 친하다면서 왜 맨날 치고받고 싸우는 걸까?', '다른 놀이도 많은데 왜 하루 종일 공만 차고 있는 걸까?', '진짜로 재미없는데 왜 자꾸 유치한 장난을 치는 걸까?'

남자아이들은 도대체 이해할 수 없는 아이들이라고 생각했어요. 그런데 어른이 된 후 선생님으로 다시 돌아간 교실에서 저는 또 비슷한 생각을 하는 여자아이들을 만났어요. "선생님, 쟤네는 왜 맨날 싸우면서 붙어 다녀요?", "선생님, 쟤네는 왜 맨날 체육 시간에 축구만 하재요?", "선생님, 쟤네가 자꾸 제 이름 가지고 놀려요!"

저는 그제야 처음으로 남자아이들을 불러 물어보았어요. "너희들은 도대체 왜 그러는 거니?" 혼내려는 게 아니라 궁금한 마음에 던진 질문이었어요. 저도 이젠 남자아이들을 제대로 이해하고 싶었거든요. 그런데 남자아이들의 대답이 놀라웠어요.

"선생님, 저도 제가 왜 그러는지 잘 모르겠어요."

그때 보았던 남자아이들의 얼굴이 얼마나 시무룩했는지 몰라요. 한 아이는 심지어 울먹거리기까지 했다니까요. 남자아이들의 억울한 표정에 저까지 다 억울해지는 순간이었어요. 전 정말 야단을 치지도, 나무라지도 않았는데 아이들은 그 말 자체에 벌써 혼났다고 생각하고 있었거든요. 자신의 행동이 잘못된 거라고 스스로 먼저 생각해 버린 거예요.

그제야 저는 깨달았어요. 누군가 아이들의 상황을 세심하게 살피고, 아이들에게 '그건 잘못된 게 아니야'라고 말해 줄 사람이 필요하다는 것을요. 그리고 그동안 만났던 수많은 소년에게 미안한 마음이 들었어요. 지금껏 한 번도 그들을 공감해 준 적도 없고, 이해하려 한 적도 없었기 때문이지요.

이 책은 소년들의 몸과 마음을 살펴보고 이해하려는 시도에서 시작되었어요. 그리고 책이 마무리되어 갈 즈음 저는 어느새 소년들의 열렬한 시지자이자 응원자가 되어 있었습니다. 이 책이 소년들에게 작은 위로와 응원이 되기를 바랍니다. 때때로 자기 자신조차 이해하기 어려운 마음과 행동으로 고민이 될 때, 쓸모 있는 조언과 격려의 글이 되길 소망합니다.

이 책을 읽는 모든 소년이
'오늘의 멋진 나'를 발견하고,
'내일의 더 멋진 나'로 거듭나길 바라며

오늘도 저는 소년들의 멋진 사생활에 힘찬 응원의 박수를 보냅니다.

2025년 3월
주봄 드림

2025년 3월 28일 1판 1쇄

글쓴이　　주봄
그린이　　문대웅

편집　　최일주, 이혜정, 홍연진
디자인　　채담
제작　　박흥기
마케팅　　양현범, 이장열, 김지원
홍보　　조민희
인쇄　　코리아피앤피
제책　　J&D바인텍

펴낸이　　강맑실
펴낸곳　　(주)사계절출판사
등록　　제406-2003-034호
주소　　(우)10881 경기도 파주시 회동길 252
전화　　031)955-8588, 8589
전송　　마케팅부 031)955-8595 편집부 031)955-8596

홈페이지　　www.sakyejul.net
전자우편　　skj@sakyejul.com
페이스북　　facebook.com/sakyejulkid
인스타그램　　instagram.com/sakyejulkid
블로그　　blog.naver.com/skjmail

ⓒ 주봄, 문대웅 2025

값은 뒤표지에 적혀 있습니다. 잘못 만든 책은 구입하신 서점에서 바꾸어 드립니다.
사계절출판사는 성장의 의미를 생각합니다. 사계절출판사는 독자 여러분의 의견에
늘 귀 기울이고 있습니다.

이 책은 저작권법에 따라 보호받는 저작물이므로 무단 전재와 복제를 금합니다.

ISBN 979-11-6981-360-0 73370